André Ferraz Melo

A Condessa Descalça

André Ferraz Melo

A Condessa Descalça

JustFiction Edition

Imprint

Any brand names and product names mentioned in this book are subject to trademark, brand or patent protection and are trademarks or registered trademarks of their respective holders. The use of brand names, product names, common names, trade names, product descriptions etc. even without a particular marking in this work is in no way to be construed to mean that such names may be regarded as unrestricted in respect of trademark and brand protection legislation and could thus be used by anyone.

Cover image: www.ingimage.com

Publisher:
JustFiction! Edition
is a trademark of
International Book Market Service Ltd., member of OmniScriptum Publishing Group
17 Meldrum Street, Beau Bassin 71504, Mauritius
Printed at: see last page
ISBN: 978-620-0-48973-9

A Condessa Descalça

André Ferraz Melo

Os agradecimentos vão a

Romulo e Leila

que me deram o maior presente:

a minha amada

Dedicado a Sarah meu amor

<u>Amortilhaço</u>

A única cédula

Do mundo que

Me fez bem:

Foi aquela pendência

De ter me pago um café

Nunca retribuído.

André Ferraz Melo

E disse: Não te chegues para cá; tira as tuas sandálias de teus pés; porque o lugar em que tu estás é terra Santa.

Êxodo 3; 5

Ela anda descalça pelo meu jardim.

Seus pés, raízes dobradas,

Envergam sobre o chão:

Um tapete de camélias...

A bonequinha

Ah, minha bruxinha se viu criança...

Eu com ela também:

Um reencontro de almas encantadas.

Um bruto sopro de sorte,

Sob seus pés descalços.

Bobices

O teu sorriso,

O maior presente.

Mudos por um instante:

Peregrinamos pelo quarto

Escuro.

Mãos dadas e gargalhadas.

Piadas na madrugada.

Sobrancelha

Sobram as marcas do lápis.

E no teu rosto um caso de paixão,

Que os pequenos galhos dos teus pelos:

Espelhos vagos na direção do alto!

Paixão

A entrega foi o sacrifício

Foi a paixão de Cristo:

Entre as mãos e os pés.

Foi o sangue brotando

Da ferida

Curada pelo nosso pacto de amor.

O Deus vivo me dá a medida total

Dessa entrega.

Ele me restitui e me leva

Para os teus braços.

Onde o vazio me levou?

Deus permitiu que eu comesse

Da poeira,

Da vida secreta,

Em busca do amor.

O justo peso da saída,

São teus beijos

O cheiro do óleo na garganta...

É o segredo da bem-aventurança.
É te amar além de mim.

Pés sobre a terra

O segredo da vida com Deus,

Minha menina me ensinou:

É ter os pés descalços em terra Santa,

Não culpar Deus como um vilão...

Nas alturas

Nos montes,

A relva doce dos teus cabelos...

Deslizes do amor retribuído.

Altar

Eu preferi as tuas chagas
Do que a riqueza do mundo.
No altar, eu me dei
Pelo seu querer e fazer.

Fui provar do deserto.
E ser tentado pelo diabo.
Cheguei no mar alto,
E também as ondas me afogaram.

E a honra cada vez mais distante
Pairava no firmamento,
Muito longe dos meus dedos.

Só TU, Crucificado
AQUELE que É

Mudou meus sonhos...
Agora, altares de Salvação!

Sabor do Sal

Um sorvete, um beliscão,

Um instante, um poder...

A vida tem dessas:

Os cravos, o martelo,

A sentença.

Nenhuma fé se iguala

Se não for pra viver

Como o filho de Deus.

No meu rosto

Nele tem um objetivo.

Não tem melancolia,

Nem mais risos falsos...

Tem lágrimas de refrigério

E sustento ao meu Espírito.

E o Espírito de Deus,

Se alegrou em nós.

Gênesis

No começo eu desejei

Que houvesse paz.

Entre nós, pairou tal suavidade...

Após a explosão,

Houve festa no Céu!

Um santo remédio

Calar, orar,

Permanecer na fé.

É o maior gesto de humilhação

Pra qualquer ataque

Ou mesmo

Dúvida...

O Reino sem ELE

Poderás viver sem Jesus?

- Óbvio.

Porém, o Reino sem ELE

Será devastador.

Quando tirei as Sandálias

Quando te toquei

Compreendi que precisava

Tirar as sandálias

Deixar o velho homem:

Tocava em terra Santa.

Absolvição

Me livra do laço do caçador.

Eu estarei em TI

Nos livramentos que chegam de surdina.

Nossa morada

Nossa morada pairou Deus.

O suporte de amor

Para reconciliação e majestade!

Cigarret Dreams

Já não faz mais sentido,

É o nosso deslize

E nossa vergonha...

Para o Senhor é galho fraco.

Para nós um flerte danado...

A luta junto de alguém

Em Deus,

É uma promessa.

Minha escola virou Deus

Eu conheci um Deus

Que me revelou suas palavras.

Os pés no chão

E a caminhada,

Me deram a sabedoria

De não abrir a boca.

Deserto

Para meu irmão Bruno

Quando tudo em volta

Pesar como granizo na cabeça

O mesmo gelo arremessado pelo céu

Oh, chuvas de janeiro,

Quando éramos duas crianças,

Brilhava igual no quintal.

Deus te avisará

Você saberá que será seu deserto...

Ele falará pelo Espírito Santo:

Não temas!

Continue brilhando...

Todos querem se dar bem

Em um trem para as estrelas

Deixei os meus navios negreiros

Segregados à misericórdia de Deus.

E soube bem:

Deus só repreende

Aqueles que ele ama!

O nosso louco amor

Um som de piano,

Uma voz ao altíssimo!

Estranhos anjos tentam quebrantar-nos.

E eu deslizo uma prece:

Peço tua mão em casamento!

E nem mesmo a inveja da solidão,

De um querubim

Poderá separar

O que Deus uniu.

Pedaços de nós dois

Um motivo escorregou

Entre nossos pés.

Asas surgiram de nossos momentos.

Uma trave alcançou os olhos

Dos homens que estavam no templo.

Restituição

Um anjo do céu

Parou com suas asas

Dando-nos sombra.

Um homem,

Não mais um menino,

Cintila entre suas mãos nuas.

Fé

Não há melindres

No caminho de Deus.

Há uma força sobrenatural

Que o homem ganhou

Desde o início dos tempos.

Notoriedade

Não tem esquemas.

Não tem trapaças.

Quando Deus é o guia,

Só o amor salva...

Uma rosa abriu no meu jardim.

Quebrantou meu coração,

Deus se enterneceu,

E não pôs sua ira

Sobre esse pecador...

Chuvas de Junho

Um laço de fita na virada do ano

Completou um ciclo de luta

Que começou na primeira chuva de junho.

Nós dois sobre a água

Caíamos em beijos,

Unidos pelos braços.

Um alento de uma bêbada.

Que converteu meu coração.

Instrumento

Meu violão atingiu seu peito

Com sólido louvor.

Um toque entre os dedos

Com azeite,

Unidos por um amor que Jesus

Entregou em nossas vidas.

Sólido

Uma pedra foi retirada do meu peito.

Esperança do verbo esperançar

Segregou as anotações,

De um poeta realizado...

Pipoca

Assim é o joio.

Só com duro fogo estoura.

Assinatura

Não tem mais motivos para escrever
Meu nome nas coisas que Deus usa.

Um cantinho um violão

Todos os lugares

Pra te namorar.

Somos um do outro:

Somos também de Deus!

Uma cítara que o padre

Chamava de violão para o povo.

Davi deve ter entendido a luta

Sobre esse mundo...

Moloch

Quantos sacrifícios a deuses estrangeiros
Esse mundo ainda fará?

Quantas mortes e deboches sofrerão
Os homens santos do mundo
Até Sua volta!

Quantas mentiras, intelecto de crânios frágeis,
Moloch! Maldição e danação,
Moloch! Serpente de asas,
Colosso de espetáculo imediatista.

Estás cansado! Eu clamo misericórdia
A infelicidade...
Moloch! Soco, segregação e trapaças,
Moloch! Língua afiada,
Suportem os teus mandamentos!

Sonhos

Veremos nossos sonhos

Quando estivermos velhinhos?

Seremos vasos preenchidos por teu Espírito?

A fé fala que não há o que temer.

Doces os lábios

Doces os lábios que cantam Seus dizeres

A riqueza de estar sobre suas nuvens corpóreas,

E viver num Manto de testemunhas.

Presente

Nesse Natal

ELE se embrulhou num presente.

E SE ofereceu a nós

E nós nos fizemos presentes pra ELE!

Ridiculous

SUA presença não é para ser negada.

As pegadas na areia

São motivos ridículos da constatação

Que nunca andamos sozinhos.

Sobre solo Santo!

Ao tirarmos as sandálias,

Nos humildamos.

Nos colocamos ao teu dispor.

Vemos que o pó do deserto

É nossa importância.

E com tal atitude

Merecemos teus júbilos eternos...

I want morebooks!

Buy your books fast and straightforward online - at one of world's fastest growing online book stores! Environmentally sound due to Print-on-Demand technologies.

Buy your books online at
www.morebooks.shop

Compre os seus livros mais rápido e diretamente na internet, em uma das livrarias on-line com o maior crescimento no mundo! Produção que protege o meio ambiente através das tecnologias de impressão sob demanda.

Compre os seus livros on-line em
www.morebooks.shop

Printed by Books on Demand GmbH, Norderstedt / Germany